Naturwissenschaftliche Bildung für Kinder. Lavalampe-Experiment und pädagogische Ansätze

Bibliografische Information der Deutschen Nationalbibliothek:

Die Deutsche Nationalbibliothek verzeichnet diese Publikation in der Deutschen Nationalbibliografie; detaillierte bibliografische Daten sind im Internet über http://dnb.d-nb.de abrufbar.

ISBN: 9783389039595
Dieses Buch ist auch als E-Book erhältlich.

© GRIN Publishing GmbH
Trappentreustraße 1
80339 München

Druck und Bindung: Books on Demand GmbH, Norderstedt Germany
Gedruckt auf säurefreiem Papier aus verantwortungsvollen Quellen

Das vorliegende Werk wurde sorgfältig erarbeitet. Dennoch übernehmen Autoren und Verlag für die Richtigkeit von Angaben, Hinweisen, Links und Ratschlägen sowie eventuelle Druckfehler keine Haftung.

Das Buch bei GRIN: https://www.grin.com/document/1482723

Modul: „MINT"- Mathematik, Informatik, Naturwissenschaft,

Technik

-Prüfungsleistung-

Experiment im Bereich MINT

„Die Lavalampe"

Inhaltsverzeichnis

1. Einleitung

Sowohl im Außen-, als auch im Innenbereich stoßen Kinder durch tägliches Erfahren, Beobachten und Spielen in Kindertagesstätten auf wissenschaftliche Phänomene aus dem MINT- Bereich. Bereits mit der Frage: „Warum ist das so?" machen Kinder den ersten Schritt in die Wissenschaft. Durch ihre natürliche Neugier und Exploration erarbeiten sich Kinder häufig erstmal ein eigenes Bild von den entdeckten Phänomenen, die sie mit ganz eigenen und kreativen Theorien dazu belegen. Dieses naturwissenschaftliche Interesse soll von Pädagogen aufgegriffen, aufbereitet und angeleitet werden, um die kindliche Erfahrung und gleichzeitig auch das kindliche Wissen auszudehnen und zu erweitern. Das große Ziel die Motivation aufrecht zu erhalten, mit entsprechend passender Gestaltung der MINT Bildung, gilt nicht zu vergessen.

In dieser Prüfungsleistung wird der Bildungsbereich der Naturwissenschaften durch das Experiment „Die Lavalampe" angeschnitten. Dabei wird die Grundidee des Versuches, sowie die Erklärung der Themenwahl unter pädagogischen Aspekt aufgezeigt. Nach den zahlreichen Informationen über das Experiment folgen eine wissenschaftliche und eine kindgerechte Erklärung dessen, sowie eine vereinfachte Abwandlung, um eine Variabilität in der Altersgruppe zu schaffen und einen ähnlichen Versuch im Krippenbereich mühelos anbieten zu können. Die Rolle des Pädagogen wird in Betracht auf die Wichtigkeit in Punkt fünf aufgegriffen, gefolgt von den selbstständig gesammelten Praxiserfahrungen innerhalb der Probe in Punkt sechs. Abschließend folgen das Literaturverzeichnis und der Anhang mit eignen Bildern.

2. Die Grundidee – „Die Lavalampe"

Ein Experiment baut sich aus verschiedenen Faktoren zusammen. So ist das zu untersuchende Objekt oder Subjekt ein wichtiger Bestandteil des Versuches, ebenso wie der Beobachter selbst und auch die Methoden, die für die Informationsgewinnung verwendet werden. Ebenfalls zeugt der Untersuchungsvorgang für sich von großer Bedeutung für die Grundlagen eines Experimentes.[1] Eben genannte basale Faktoren werden sich in der Beschreibung der Grundidee des „Lavalampen-Experimentes" herauskristallisieren:

Was genau ist „Die Lavalampe"? Die Grundidee dieses Versuches ist es die mit zäher Flüssigkeit gefüllte elektrische Lampe, in welcher sich blasenähnliche Gebilde in schwebender Bewegung langsam von oben nach unten bewegen, bekannt unter dem Namen Blubber- oder Lavalampe, mit natürlichen Zutaten für kleine Forscher nachzubauen. Die Kinder, die ihre eigenen selbstgemachten Lavalampen innerhalb des Experimentes erforschen und überwachen, stellen dann den Faktor der Beobachter sicher. Das zu analysierende Objekt, die Lavalampe, entsteht nach vier experimentellen Schritten und soll aus Öl, Wasser, Lebensmittelfarbe und einer Brausetablette erzeugt werden. Neben den eben aufgezeigten Bausteinen erfordert das Experiment die Bereitstellung weiterer folgender Materialien: ein Wasser- oder Marmeladenglas, eine Tischdecke, Kittel, mehrere Pipetten, sowie mehrere kleine Behälter mit Löffeln zum Einrühren der Lebensmittelfarbe, falls diese in Pulverform vorliegt. Der Versuch zielt nicht darauf ab nur die Lampe als Ganzes für sich zu betrachten, sondern der kindliche Erforschungsdrang soll auch auf den Vorgang gerichtet werden, wie und warum diese bunten Bläschen nun von unten nach oben aufsteigen und schweben. Es geht vielmehr um die Befassung mit dem wissenschaftlichen Phänomen dahinter. Die Fragen warum sich das Öl und das Wasser nicht mischen und warum die Bläschen zur Oberfläche hinaufsteigen, stehen im zentralen Fokus der Grundidee. Die jungen Forscher werden dabei zunächst eigene Methoden kreieren, um sich Informationen zu diesem Phänomen zu beschaffen, welche von pädagogischen Fachkräften dann in die richtige Richtung geleitet werden und dementsprechend eine kindgerechte Erklärung liefern.

Experimente verfolgen stets das Ziel neue Proben durchzuführen und somit essenzielle Informationen rauszubringen oder bereits erfasste Theorien und Vorgänge zu überprüfen. Bei diesem Versuch handelt es sich demzufolge um ein Hypothesen- bzw. Prüfexperiment, denn die Kinder haben zuvor die Aufgabe zu überlegen, was innerhalb der Lavalampe passieren wird. Unabhängig von der Einteilung des Experimentes nach Zielen, kann man jenes auch nach Orten einteilen. Das spannende Wasser-Öl Experiment findet für die Kinder

---

[1] Vgl. e.teaching.org, Was ist ein Experiment?

in der natürlichen Umgebung Kindertagesstätte statt und wird folglich als Feldexperiment kategorisiert.[2]

3. Begründung der Themenwahl

Kinder haben vor allem im jungen Alter noch eine sehr geringe Aufmerksamkeitsspanne. Dementsprechend ist es wichtig, für pädagogische Angebote oder mintbildende Experimente Themen auszuwählen, welche wirklich im großen Interesse der kindlichen Versuchsgruppe liegen. Die Konzentration und Aufmerksamkeit dieser jungen Menschen setzen erst gar nicht ein, wenn sie keine Leidenschaft oder Nachfrage an einem Thema empfinden. Weisen Kinder dementsprechend ein grundlegendes Desinteresse für eine geplante Aktivität auf, ist die zwanghafte Durchführung dessen pädagogisch sinn- und zwecklos. Das Verwenden des pädagogischen Konzeptes des Situationsansatzes mit seinen Schlüsselsituationen, erweist sich für essenzielle MINT-Bildung bzw. darin eingeschlossene Experimente als äußerst wertvoll. Die Pädagogen der Kindertagesstätte, in welcher das „Lavalampen-Experiment" in der Praxis umgesetzt wurde, nutzten solche Schlüsselsituationen, um die Grundidee des Versuches zu erhalten.

Aktuell bewältigen die Menschen ihren Alltag in der warmen und meist sehr trocknen Sommerzeit. Durch das viele Schwitzen ist Wasser eine Art Highlight für unser Wesen zu diesem Tempus. Wasser dient uns in verschiedenen Formen: als Abkühlung, zum Trinken oder auch im veränderten Aggregatzustand in Form von Eis beispielsweise. Diese Aufmerksamkeit haben auch die Kinder dem Wasser geschenkt. Die ganze Gruppe der Dreijährigen entwickelte ein großes Interesse an der Flüssigkeit. Als Randinformation hinzuzufügen ist, dass mehrere Kinder der Gruppe bereits sehr fortgeschritten entwickelt sind. Die Kinder experimentieren im Garten mit dem Wasser an ihren gesamten Körper, kippen gerne Becher aus oder entdecken die Besonderheit des Sprudelwassers für sich. Diese Beobachtungen nutzten pädagogische Fachkräfte aus und entschlüsselten somit die große Begeisterung am Wasser, indem dies aufgegriffen und daran gearbeitet wird, wie es der oben genannte Situationsansatz vorsieht. Das Experiment „Die Lavalampe" vereint die Gruppenneigung des Wassers und der Bläschen mit bunter Farbe, ein Augenmerk eines jeden Kindes.

Neben der Interessenbegründung für die Themenwahl führte ebenso die Dauer des Experimentes dazu, dass dieses naturwissenschaftliche Experiment ausgewählt wurde. Wie oben bereits erwähnt liegt die Aufmerksamkeitsspanne bei jungen Kindern im sehr niedrigen

---

[2] Vgl. testexperiment.stangl-taller.at, Welche Experimente gibt es

Bereich, diese beschränkt sich bei der beschriebenen Gruppe auf circa zehn Minuten. In dieser Zeitspanne ist die Durchführung des Experimentes sehr legitim. Kinder, welche eine besonders starke Passion dafür aufweisen, werden mit Sicherheit über ihre Aufmerksamkeitsspanne hinaus das Geschehen in der Wasser-Öl Lampe beobachten. Schlussfolgernd ist die Probe sehr altersangemessen, ebenso für nicht so weit entwickelte oder etwas jüngere Kinder des U3-Bereiches, da man den Versuch problemlos vereinfachen kann.

4. Das Experiment

Der Versuch an sich wurde bereits in seiner Grundidee beschrieben. Nun soll es vielmehr um die Arbeitsplatzvorbereitung, die experimentelle Durchführung und das Aufräumen gehen, also um essenzielle Arbeitsschritte und den Aufbau des „Lavalampen-Experimentes" in seinen Schritten.

Oben beschriebene Materialien werden aufgrund der Altersgruppe nicht vom Kind selbst geholt, sondern von der pädagogischen Fachkraft bereits am Tisch vorbereitet und den kleinen Forschern bereitgestellt zum Beginnen. Der Pädagoge begleitet und unterstützt die Kinder durch das ganze Experiment individuell, je nach Hilfsbedürftigkeit. Folgende Schritte sind anzuleiten und gemeinsam durchzuführen, um den Versuch absolvieren und beobachten zu können:

Im ersten Schritt ist das Wasser in das bereitgestellte Gefäß zu füllen. Dabei gilt es darauf zu achten, circa ein Drittel des Marmeladen- oder Wasserglases mit Leitungswasser einzudecken.

Im zweiten Schritt wird entweder das eben eingefüllte Wasser direkt mit einer Farbe nach Wahl eingefärbt oder man löst die Lebensmittelfarbe in extra Behältern auf, um später mehrere verschiedene Farben innerhalb der Lampe zu erhalten. In der Praxis wurde sich für Zweiteres entschieden. In diesem Fall wird nun auf das Wasser im Glas ungefähr ebenfalls ein Drittel Speiseöl eingeflößt.

Im dritten Schritt wird nun per Pipette die gewünschte Farbauswahl nacheinander hineingetröpfelt. Es wird beobachtbar, wie die bunten Bläschen sich erstmal zwischen den Schichten platzieren und dann nach unten schwimmen. Färbte man das ganze Wasser bereits im zweiten Schritt ein, wird in dieser Handlung nur das Öl hinzugegossen.

Um die Lavalampe zu aktivieren und das Aufsteigen der Teilchen ansehen zu können, muss im vierten Schritt die Brausetablette hinzugegeben werden. Meistens reicht es aus, diese vorher zu halbieren, um eine Wirkung zu bestaunen.

Dann heißt es für die Forscher beobachten, überwachen, entdecken, wahrnehmen und registrieren. Das Ende des Experimentes richtet sich nach Forschungsdrang der Kinder. Es sollte die Möglichkeit bestehen, die Kinder so lange staunen und experimentieren zu lassen, wie sie möchten und wie ihr natürlicher Drang es zulässt. Ist die Aufmerksamkeit verblasst und sind alle Fragen geklärt, wird der Arbeitsplatz aufgeräumt. Dies wird aufgrund der Altersgegebenheiten ebenfalls mit großer Wahrscheinlichkeit vom Pädagogen selbst übernommen. Kinder, die dazu bereit sind, können selbstverständlich helfen und beispielsweise die Gefäße oder Gläser auswaschen.

4.1   wissenschaftliche Erläuterung

Um eine Grundidee hinsichtlich der Erklärung für die experimentell nachgebaute Lavalampe zu bekommen, soll zuerst erklärt werden, wie die herkömmlichen Lavalampen funktionieren:

Der Lampenkörper wird gefüllt durch zwei Flüssigkeiten. Die erste sich in der Lampenform befindende Substanz ist eine bunt gefärbte Flüssigkeit. Der andere Stoff beschreibt bunt gefärbtes Wachs, welches die sogenannte Lava darstellt. Bei ausgeschalteter Lampe liegt dieses am Boden der Lampe, da sein Gewicht schwerer ist als das der Flüssigkeit. Beide Stoffe sind in der beschriebenen Ausgangslage nicht in Bewegung. Die Grundidee der Lavalampe unterliegt dem einfachen physikalischen Gesetz „Stoffe mit hoher Dichte sinken, Stoffe mit niedriger Dichte steigen". Damit muss das unten liegende Wachs erhitzt werden, um an Dichte zu verlieren und leichter zu sein als die bunte Flüssigkeit der Lampe. Erreicht es diese Leichtigkeit bzw. geringe Dichte, dehnt sich das Wachs aus und steigt nach oben zur Lampenspitze. Den Erhitzungsprozess übernimmt das im Sockel sitzende Leuchtmittel, welches der Lampe nicht nur Wärme, sondern auch Licht spendet, für verbesserte optische Ergebnisse, beispielsweise leuchtende Effekte und beeindruckende Farbverläufe. Damit die „Lava" in ständiger Bewegung ist, kühlt die niedrige Umgebungstemperatur an der Spitze der Lampe das Wachs wieder ab, wodurch es wieder an Dichte gewinnt und durch seine Schwere wieder zu Boden absinkt. Durch das ständige Auf und Ab wird nun auch der Name der Lavalampe zur Erleuchtung, denn die Bewegung innerhalb des Körpers erinnert an heiße, zähflüssige Lava. Zusammenfassend wird demnach das Wachs unten am Boden des Glaskolbens durch das Leuchtmittel erhitzt, um sein Aufsteigen zu ermöglichen, bis sich dieses oben wieder abkühlt, um das Sinken zum Boden des Kolbens zu ermöglichen.[3]

Bei unserer selbstgemachten Öl-Lampe wirken nun ähnliche Kräfte. Bereits beim Befüllen des Wasser- oder Marmeladenglases im Experiment wird deutlich, dass Wasser und Öl sich

---

[3] Vgl. Licht-erlebnisse.de, Wie funktionieren Lavalampen?

besonders verhalten, denn diese beiden Stoffe lassen sich nicht zu einer homogenen Flüssigkeit vermischen, demnach entstehen zwei aufeinanderliegende Schichten. Um den Vergleich zur echten Lavalampe zu ziehen, stellt unser Öl dementsprechend die bunte Flüssigkeit im Lampenkörper dar und unser gefärbtes Wasser das am Boden liegende Wachs. Das leichtere Öl bildet die obere Schicht, das schwerere Wasser bildet die untere Schicht.[4] Zu erklären ist dieses Phänomen mit der gleichen Gesetzmäßigkeit, die auch beim Original wirkt. Das Öl besitzt eine geringere Dichte als das Wasser, wodurch 100 Milliliter Öl weniger wiegen als die gleiche Menge an Wasser. Hinzu kommt, dass sich in der Theorie grundsätzliches nur Gleiches mit Gleichem vermischt, denn die Moleküle von Wasser und Öl sind geprägt von zahlreichen Unterschieden. Weil Lebensmittelfarbe aus Wasserbasis besteht, färbt die Farbe das Öl nicht mit ein, sondern mischt sich ausschließlich mit dem Wasser. Durch die fehlende Wärme und somit den Verzicht auf Erhitzung, um die Dichte zu verringen, wird die Bewegung der Teilchen bzw. Moleküle im Experiment anders erzeugt. Diese entsteht durch das Einsetzen einer Brausetablette. Ihr Bestandteil aus Natriumhydrogencarbonat und Zitronensäure erzeugen die erwünschte Wirkung des Aufsteigens der bunt gefärbten Flüssigkeit. Durch das Einwerfen der Tablette in unser Glas entsteht durch die Reaktion von Säure und Natriumhydrogencarbonat die chemische Verbindung CO_2, Kohlenstoffdioxid. Hierbei wird ein Sprudeln des Wassers zu bemerken sein. Die kleinen Gasbläschen sind nun von kleinerer Dichte und folglich leichter als das sich im Glas befindende Wasser und Öl, wodurch die zur Oberfläche des Behältnisses steigen und das gefärbte Wasser mit einziehen. Sind die Bläschen an der Glasöffnung angekommen, entweicht das Gas mit der Folge, dass die Blasen zerplatzen. Infolgedessen ist das Wasser wieder schwerer als das Öl, was die Reaktion mit sich bringt, dass das gefärbte Wasser unverzüglich wieder sinkt.[5]

Die originale Lavalampe und die Wasser-Öl Lampe weisen keine Unterschiede in ihren grundlegenden physikalisch wirkenden Kräften auf, sondern in der Art und Weise wie die Dichte der „Lava" verringert wird. Der Prozess der Gewichtreduktion findet bei der echten Lavalampe durch Wärme statt und bei der experimentellen Lampe durch eine Kohlenstoffdioxid Verbindung.

---

[4] Vgl. Geo, Lavalampe selber bauen: So geht´s!
[5] Vgl. Forscherfreunde, Die Lavalampe

4.2 kindgerechte Erklärung

Beim Experimentieren mit Kindern ist es nicht nur wichtig, dass sie Spaß am Vorgang und Ausprobieren haben, sondern auch die Funktionsweise bzw. den Sinn hinter dem Versuch verstehen. Eine Darlegung der wissenschaftlichen stumpfen Funktionsweise ist durch jegliche Fremdwörter und unbekannte Phänomene, die im kindlichen Wortschatz noch keine Inkludierung finden, ergebnislos. Damit Kinder neues Wissen aufnehmen und abspeichern ist es essenziell einen Bezug zur kindlichen Lebenswirklichkeit zu knüpfen. Folglich soll jeder Vorgang mit einem den Kindern bekannten Vergleichswert parallel gesetzt werden:

Die besondere Eigenschaft von Wasser und Öl kann den Kindern einwandfrei am Beispiel einer Hühnersuppe erklärt werden. Jedes Kind der Altersgruppe wird mit einer solchen Suppe beispielsweise durch den Besuch bei Oma oder durch die Versorgung von Mama bei Krankheit in Berührung gekommen sein. Durch diese Verknüpfung zu dem erlebten Alltag fällt es den Kindern leichter ihre Vorstellungskraft einzusetzen und somit den Prozess zu verstehen. Genau wie im Glas schwimmen in der Hühnersuppe auch die Fettaugen oben, durch die Leichtigkeit des Öls. Für die Vertiefung der Gewichtseinordnung können beispielsweise ein Stein und eine Feder zusätzlich eingesetzt werden, um zu zeigen, dass schwerere Dinge (repräsentativ der Stein) unten schwimmen und leichtere an der Oberfläche bleiben (Feder).

Für die Erklärung der Teilchenbewegung innerhalb der „Lampe", wird die Brausetablette mit dem bekannten Soda, bzw. Sprudelwasser verglichen. Dieses kennen die Kinder durch das tägliche Trinken dessen, wodurch sie wissen, dass dort ganz viele Bläschen in Bewegung sind, wie es auch in dem Glas der Fall sein wird. Diese Blubberblasen steigen ebenso wie die bunten Wasserperlen der selbstgemachten Lampe zur Oberfläche hoch. Nun kann den Kindern erzählt werden, dass diese oben zerplatzten, weil ihnen zu kalt ist, genau wie ihnen kalt ist, wenn sie nach einer langen Zeit aus dem Badewasser kommen und vielleicht schon blaue Lippen haben. Damit den Teilchen wieder warm wird, müssen sie wieder zurück in das Wasser, wo die Bläschen dann zum Wärme tanken nach unten sinken. Dementsprechend ist den blasenförmigen Teilchen immer wieder oben am Glasrand kalt, wodurch sie immer wieder nach unten eintauchen und letztendlich das ständige Auf und Ab erzeugen.

Das Anbieten von derartigen lebensbezogenen Verbindungen bietet Kindern, vor allem in komplizierteren Kontexten, eine bessere Verknüpfung der Synapsen im Kopf, wodurch sie sowohl besser verstehen, als auch langfristiger merken.

4.3 vereinfachte Form des Experiments

Die Eignung des Lavalampen Experiments beschränkt sich auf den Altersbereich ab drei Jahren. Für den speziellen Fall der besonders fortgeschrittenen Entwicklung kann in Einzelfällen Gleiches schon im Altersbereich von Zweijährigen angewendet werden. Da im Krippenbereich geeignete Experimente schwieriger zu finden sind aufgrund der geringen Zahl erreichter Meilensteine, eignet sich die Vereinfachung des Experiments als Idee.

Um den Versuch im Krippenbereich durchzuführen, soll der Part mit dem Öl herausgelassen werden oder von einer pädagogischen Fachkraft durchgeführt werden, wobei der pädagogische Wert dabei in Frage gestellt wird, da die Erklärung der Lavalampe auf zu hohem Niveau für den U3 Bereich wäre, durch fehlenden lebensnahen Bezug zum Gegenstand. Die Kinder würden für diese Probe beispielsweise sechs Gläser mit Wasser füllen und Lebensmittelfarben in Pulverform zum Experimentieren erhalten. Sie dürfen anschließend alle Farben einrühren und staunen. Diese bunten Farben sind bereits ein Highlight für die Kleinen. Pädagogisch wertvoll ist die Tatsache, dass währenddessen hervorragend die Farblehre vertieft werden kann. Die Kinder üben beispielsweise, indem sie Farben identifizieren und wörtlich benennen. Um noch mehr Freude ans Kind zu bringen, kann dann noch mit den Farben grenzenlos ausprobiert werden. Die Krippenkinder können sie anfassen, umschütten zum Mischen, die Färbung des Fingers entdecken, damit auf Papier malen und eine braune Suppe aus allen Farben zusammen herstellen. Dem kindlichen Erforschungsdrang sollen dabei keine Grenzen gesetzt werden. Hierbei sollte sich auf eine große Verschmutzung von Kleidung und Tisch vorbereitet werden, die sich allerdings für den positiven Aspekt der Entwicklung und Freude der Kinder auszahlt. Ist dennoch eine Ausdehnung des Erkundens gewünscht, können Kinder noch die Besonderheit des Öls im Anschluss entdecken und die Konsistenzen mit alles Sinnen vergleichen. Ebenso kann dies aufgrund der geringen altersbedingten Aufmerksamkeitsspanne auch als separater Versuch geplant werden.

5. Die Rolle des Pädagogen

Die Kinder, dementsprechend die Forscher selbst stellen den hauptsächlichen aktiven Teil des Experimentes dar. Aufgrund ihres Alters und folglich ihrer Hilfsbedürftigkeit nimmt der Pädagoge allerdings ebenso eine sehr wichtige Rolle ein. Eine pädagogische Fachkraft hat allgemein im beruflichen Alltag die verantwortungsvolle Aufgabe das individuelle Kind in seiner Entwicklung zu begleiten und zu unterstützen. Die Pädagogen sind stets willig die Wünsche und Vorstellungen von Kindern in den Vordergrund zu stellen.

So wird dem Pädagogen bereits vor dem eigentlichen Experiment die Rolle zugeteilt, ein für die Altersgruppe angemessenes Angebot zu wählen, mit Berücksichtigung der kindlichen Wünsche im Optimalfall. Dies entspricht dem ersten Schritt des Forschungszirkels von Marquardt-Mau, indem man die Frage an die Natur stellt und der Pädagoge folglich das für die Kinder interessante Naturphänomen findet. Der Fachkraft wird darüber hinaus zugeschrieben zu prüfen, was die Kinder bereits über das Thema wissen, also eine Ideen- und Vermutungssammlung durchzuführen. Dies steht an zweiter Stelle im Forscherzyklus. Ebenso liegt in pädagogischer Verantwortung, gerade bei jüngeren Kindern, alle Materialien zu beschaffen und den Tisch oder Garten für das Experiment vorzubereiten. Im Elementarbereich kann diese Aufgabe mit den Kindern geteilt werden, indem diese zum Beispiel helfen einen Eimer Wasser zu holen. Die Verteilung von kleinen Aufgaben ist hierbei sehr sinnvoll und verantwortungsfördernd. Nebensächlich spart man beim gemeinsamen Vorbereiten zusätzlich noch Zeit, was in personal brenzlichen Situationen oder in besonderen Zeiten von Pandemien, wo die Zeit für Angebote möglicherweise eingegrenzt ist, durchaus von Vorteil ist. Laut Marqaurdt-Mau´s Zirkel wird die pädagogische Rolle als Ausprobieren und Versuch durchführen zusammengefasst. Innerhalb des Experimentes ist von pädagogischer Seite außerdem darauf zu achten das einzelne Kind individuell zu betrachten. Da jedes Kind unterschiedlich weit entwickelt ist, muss der Pädagoge für eine Anpassung des Tempos sorgen, um jedes Kind gedanklich abzuholen. Zusätzlich muss von den Pädagogen ebenso die Anleitung des gesamten Experimentes übernommen werden. Die Kinder müssen in einzelnen Schritten durch den kompletten Versuch geführt werden und dabei kindgerechte Erklärungen für den bestmöglichen Lernerfolg erhalten. Bei älteren Kindern besteht vermehrt die Möglichkeit, dass Angebote nicht nach Plan laufen aufgrund von sprießender kindlicher Kreativität. Neben der Moderation ist es wichtig die Ideen der Kinder nicht zu bremsen, sondern zuzulassen, dass das Experiment in eine andere Richtung verläuft. Zur pädagogischen Rolle gehört also auch dazu die Kinder selbstständig arbeiten zu lassen und dennoch immer den Überblick über die Konstruktivität zu behalten.[6] In Anlehnung an Marquardts Forschungszirkel sind die Beobachtung all dieser Abläufe und die Beschreibung dessen ebenso wichtige pädagogische Rollen, in welche die Fachkraft schlüpfen muss. Nicht nur der Vorbereitungs- und Durchführungsprozess liegt im Ermessen der Fachkräfte, sondern auch der Nachbereitungs- bzw. Auswertungsvorgang liegen in pädagogischer Hand. Schlussfolgernd müssen die Pädagogen in ihrer Rolle bereits bei der Durchführung die Nachbereitung, dem Forschungszirkel entsprechend die Ergebnisdokumentation, im Kopf haben. Sie tragen also auch die Verantwortung dafür alles Schritt für Schritt zu dokumentieren und ebenso Fotos zu machen. Dies ist wichtig für die spätere Portfolioarbeit, gegebenenfalls für Aushänge an der Pinnwand oder Beiträge auf der

---

[6] Vgl. erzieherin-ausbildung.de, Angebote planen – das solltest du beachten

Website, denn die pädagogische Arbeit sollte auch nach außen getragen werden. Als letztes gilt es die Ergebnisse als Pädagogische Fachkraft zu erörtern. Hierbei hat der Pädagoge die kindlichen Vermutungen zu überprüfen und offene oder neu entstandene Fragen zu klären.[7]

6. Erfahrungen in der Durchführung des Versuches

Der Versuch wurde im eigenen Arbeitsalltag aufgrund fehlender Kapazitäten in der Krippe ausprobiert. Wie oben beschrieben stellte sich heraus, dass das optimale Alter eher erst ab dem 3. Lebensjahr, also dem Elementarbereich liegt. Mit dem Wissen, dass einige Zweijährige Kinder der Krippengruppe sehr weit entwickelt sind, sollte das Experiment dennoch ausprobiert werden. Aufgrund der Feststellung, dass das Experiment eher für ältere Kinder geeignet ist, soll dieses folglich nochmal in der Vorschulgruppe durchgeführt werden.

Wie für die Altersgruppe angemessen hat die pädagogische Fachkraft den Tisch optimal für den Versuch vorbereitet, sodass die Kinder mit dem Versuch beginnen konnten, sobald sie eine Schürze übergezogen hatten. Im weiteren Verlauf verlief das Experiment zunächst nach Plan. Die Kinder füllten Wasser in ihre Behältnisse und begannen dieses bunt einzufärben. Hierbei wurde deutlich bestätigt, dass Wasser und Farbe äußerst große Interessengebiete der Kinder sind. Für diesen Schritt musste spontan viel mehr Zeit eingeplant werden, als vorgesehen war. Die Kinder färbten ihre Finger bunt ein und färbten das Wasser immer intensiver, sie erforschten mit voller Freude. Nachdem den Kindern dafür ausreichend Zeit gegeben wurde, haben sie erfolgreich die nächsten Schritte absolviert. Sie hatten sehr viel Spaß während des gesamten Experimentes. Die fertigen „Lavalampen" wurden noch eine ganze Weile betrachtet und die kleinen Forscher konnten von diesem Experiment gar nicht genug bekommen. Demzufolge durften sie am Ende des Versuches noch ausprobieren, ob ihre Farben auf Papier zu sehen sind. Ebenso durften sie die Ölgemische ineinander kippen, um zu beobachten was passiert, wenn man Farben mischt und ob sich das Wasser und Öl wirklich nicht vermischen. Durch den Spaß beim Mischen der Farben wurden die Gläser unzählige Male hin und her gekippt. Hierbei wurde deutlich, dass zwar das Experiment und die Erklärungen verständlich und spaßig waren, allerdings aber das Spielen mit Farben in dem Alter wirklich das Hauptinteresse darstellen, weshalb man den Kindern diese Zeit in jedem Falle gewährleisten sollte.

Zusammenfassend war der Versuch für die herausgesuchte Altersgruppe sehr passend, da der Spaßfaktor, die Interessengebiete und der Lernerfolg gestimmt haben. Allgemein ist das Experiment aber für ältere Kinder optimaler, da diese mehr in der Vorbereitung

---

[7] Vgl. Haus der kleinen Forscher, Der Forschungskreis

beispielsweise helfen können und erklärte Vorgänge noch optimaler verstehen. Das Experiment ist nur im Krippenbereich einsetzbar, wenn der Entwicklungstand dies wirklich zulässt. Sind die Kinder einige Meilensteine zurück oder nicht außergewöhnlich weit für ihr Alter, sollte eher auf die vereinfachte Form des Experimentes unter 4.3 zurückgegriffen werden.

7. Literaturverzeichnis

Novke, Ute (2016): Die Rolle des Pädagogen in der Kita. Pädagogische Begleitung von Bildungsprozessen und Lernprozessen in der Kindertageseinrichtung, GRIN Verlag

Erzieherin-ausbildung: Angebote planen – das solltest du beachten [online] https://www.erzieherin-ausbildung.de/praxis/fachpraktische-hilfe-alltagshilfen/angebote-planen-das-solltest-du-beachten (letzter Zugriff:17.08.2022)

E.teaching (2016): Was ist ein Experiment? [online] https://www.e-teaching.org/didaktik/qualitaet/experiment#:~:text=Gem%C3%A4%C3%9F%20der%20lateinischen%20Bedeutung%20von,bewiesen%20oder%20widerlegt%20werden%20soll. (letzter Zugriff: 15.07.2022)

Forscherfreunde: Die Lavalampe [online] https://forscherfreunde.de/die-lavalampe/ (letzter Zugriff:21.07.2022)

Geolino (2015): Lavalampe selber bauen: So geht´s! [online] https://www.geo.de/geolino/basteln/16953-rtkl-experiment-lavalampe-selber-bauen-so-gehts#:~:text=So%20k%C3%B6nnt%20ihr%20die%20Lavalampe,unter%20das%20%C3%96l%20schiebt%2C%20oder%3F (letzter Zugriff: 20.07.2022)

Haus der kleinen Forscher (2021): Der Forschungskreis [online] https://www.haus-der-kleinen-forscher.de/fileadmin/Redaktion/1_Forschen/Paedagogik/Forschungskreis_NaWi.pdf

Licht-erlebnisse: Wie funktionieren Lavalampen? [online] https://www.licht-erlebnisse.de/magazin/wie-funktionieren-lavalampen/#:~:text=Oben%20im%20Glaskolben%20k%C3%BChlt%20es,und%20wieder%20nach%20unten%20sinkt. (letzter Zugriff: 09.08.2022)

Testexperiment: Welche Experimente gibt es [online] https://testexperiment.stangl-taller.at/experimentarten.html (letzter Zugriff:01.08.2022)

8. Anhang

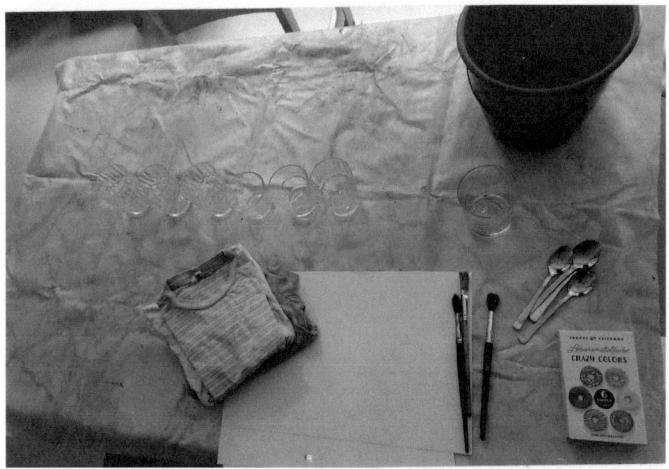

vorbereiteter Arbeitsplatz

Abb.1

(Quelle Abb.1: eigenes Bild)

„Lavalampen"-Experiment

Heute haben wir unsere eigenen Lava/Öl-lampen hergestellt. Um die tolle Eigenschaft des Öls kennenzulernen, haben wir zuerst in ein Glas etwas Wasser gekippt, dann die ungefähr gleiche Menge Öl hinzugegeben und dann beobachtet, was passiert. Wir haben gelernt, dass Wasser sich nicht mit Öl vermischt, da es leichter ist. Um aber unsere Lavalampen zu erhalten, haben wir dann noch mit einer Pipette bunte Lebensmittelfarben nach Wahl reingetropft. Wir konnten sehen, dass sie erst in der Wasserschicht steckten und dann noch oben schwebten, wie in echten Lavalampen.
Das war toll ♡

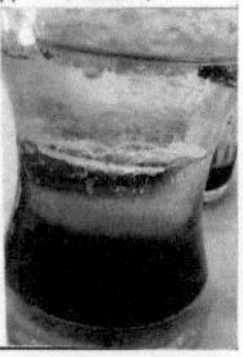

Juni 22

Beispiel Aushang für die Pinnwand in der Krippe

(Quelle Abb.2: eigenes Dokument)

Abb.2